VÍNCULO

89. RAFAEL ADOLFO TÉLLEZ   NADA CON QUE VOLVER

90. LUIS BRAVO   LAS HORAS GRISES

91. JESÚS MONTIEL   UN PALACIO SUFICIENTE

92. ENRIQUE GARCÍA-MÁIQUEZ   VERBIGRACIA

93. JOSÉ ALCARAZ   LAS DEMORAS

94. JUAN BONILLA   POEMAS

95. FRANCISCO SÁNCHEZ BELLÓN   SIETE PALABRAS

96. LOUIS BRAUQUIER   TIERRA ADENTRO

97. ERNESTO BALTAR   ESTANCIAS ROMANAS

98. ANTONIO MORENO   PARA UNA COLECCIÓN DE CONCHAS

99. JUAN MARQUÉS   DE QUÉ VAS A VIVIR

100. EMILY DICKINSON   ¿ERES NADIE TAMBIÉN?

101. SEBASTIÁN TABERNA   VÍNCULO

102. GERARDO DIEGO   PÁJAROS

(Viñeta: Lorena Martínez Oronoz)

SEBASTIÁN TABERNA

VÍNCULO

LA VELETA 2025 GRANADA

© SEBASTIÁN TABERNA

© EDITORIAL COMARES
POLÍGONO JUNCARIL - C/ BAZA, PARCELA 208 - 18220 ALBOLOTE (GRANADA)
TELF.: 958 46 53 82 · libreriacomares@comares.com
www.comares.com · facebook.com/comares
twitter.com/comareseditor · instagram.com/editorialcomares

ISBN: 978-84-1369-942-4 · DEPÓSITO LEGAL: GR. 565/2025
IMPRIME: COMARES, S.L.

dios es la distancia
a todo lo demás
el vacío
entre el que ama
y el amor

SUSANA VILLALBA

Pero en el centro del vacío hay otra fiesta.

ROBERTO JUARROZ

Ser fiel a aquello que pide ser sacado del silencio.

MARÍA ZAMBRANO

pero no hay fin,
sin embargo,

ni tampoco resurrección,
sino el trabajo sutil

de ser:
            nacer…

JOHN BURNSIDE

VÍNCULO

VACÍO

ME enseñaste algo maravilloso:
que los finales, además de ser
dolorosos, extraños e incompletos,
también pueden ser hermosos.
Como esa piedra que encontraste en el río
con un hueco grande en el centro.
Un vacío perfecto, dijiste, para llenarlo entre los dos.

ALREDEDOR

¿LA oyes?
¿Qué?
La luz cayendo,
afuera,
dentro,
alrededor,
junto a nosotros.

NIDO

A RATOS parece que se persiguen, sin encontrarse;
el día y la noche,
tu voz y mis preguntas.

TRAMPA

HACE que duerme la noche
pero es mentira.
Como tú cuando cierras los ojos
y te entregas a tu deseo.

ESTACIONES

ENTRE una marea
y la siguiente,
la eternidad
crece en el silencio
de lo que callamos.

ESFERA

LÚGUBRE cascada,
manos de arena,
sol, mar y piedra caliza.

COLUMPIO

TRAZA la luz su secreto
en el centro de tu vientre,
aparece y desaparece,
como un mordisco.

BACH

DICE:
desde que he ido al dentista
silbo mal,
como para dentro.
Grave.

PECADOS IMAGINADOS

ME llamaste y no supe qué decir,
y ahora estoy mirando cómo una lagartija
huye hacia el sol de mediodía.

ASOMBRO

NO medí las fuerzas
y cuando te vi caminando por la calle
me partió un rayo.

PUNTO CIEGO

¿QUÉ nos une?
Tal vez un espejismo,
el paso mal dado
cuando estaba
a punto de anochecer.

¿Y nos impulsa?
Una cadencia, un sentido,
y, sobre todo,
las ganas de inventarnos el uno en el otro.

LA OSCURIDAD

NOS separa y nos acerca.
Es un espejo que convierte
nuestros deseos en fábulas.

CONTINUIDAD

¿QUÉ hace que todo vuelva a empezar?
La noche,
un nido de ramas,
tu boca,
principio y final.

CREDO

BREVE es el aliento,
la luz de tus canciones,
el calor de tus manos
que me limpian y protegen.

CONTIGO

UN lugar al que volver
y del que huir,
una cáscara
en mitad del océano.

ROJO CADMIO

UN túmulo,
así lo ve ella.
Pero mejor me callo,
conduzco y me concentro
en la línea blanca del asfalto
que nos aleja, cada vez más,
de lo que ni siquiera hemos imaginado.

LA garganta del mar,
los hilos de las nubes
deshaciéndose como espuma
en el horizonte,
donde no llega nada.

PASADO

FUE la sangre de mi sangre,
el órgano,
un sentido completo.
Y fue el lento progreso de la Osa Mayor,
el pliegue de su voz
antes de ponernos en marcha.

PASO EN FALSO

SUERTE de bidón,
bola extra,
creencia.

Y CAER HACIA DELANTE

DEJAS una frase sin acabar
y me doy cuenta de que todavía
no he aprendido a perder pie,
a decir te quiero.

INERCIA

SI te entregas,
y abandonas,
si me rindo,
entonces, ¿qué?

SOY

SÓLIDO
transparente,
de brea.

VIGILIA

LUZ que respiras en mi oscuridad,
no te veo,
no te alcanzo.
Eres noche.

AHORA

PESA
el presente
la luz,
las hojas de los árboles
y el sol.

PARTE DE GUERRA

ANTES,
presente,
después.

Y MÁS TARDE

ME consagro a ti,
instante,
cuerpo,
brisa.

TODAVÍA rebota su pregunta
en el sol eléctrico de noviembre.
La escalera de su casa
huele a butano y a suavizante.
Y cuando estoy a punto de vomitar,
me doy cuenta de que me ha mentido
y no sé qué timbre tengo que tocar.

SOLEDAD

LENTA disgregación del tiempo,
herida,
lo que falta,
lo invisible,

pájaro dormido en el aire.

SED

DE ti,
de cuando la noche
era piel,
relámpago,
tromba.
Agua que no miraba atrás.

MEDIODÍA

SORBO de pájaro,
charco de luz.

NORTE

DESEÉ tu cuerpo,
tu voz por la mañana,
más que nada,
nunca,
en este mundo.

VÍNCULO

LE falta noche a la noche,
con su textura de celofán.
Entrégate a lo que te da y a lo que te quita,
poco importa si es un golpe o una caricia,
si es dulce o áspero,
deja que te atraviese
hasta que la piel no sea tuya.

DUELO

QUE no es sólo tiempo
que se extiende en la oscuridad
como pulpa
que te asfixia,
que la muerte tiene una virtud:
se repite.

INVIERNO

MI piel recuerda
el sol,
y te extraña.

DERIVAS

SI busco detrás de la noche
sólo encuentro saliva,
cuerpos.

BENGALA

TOCA su nervio
sigue el ritmo
de la ropa que cae
del desorden
de la respiración
los cuerpos
que se buscan
tiemblan ceden al tacto
siente el pellizco de la piel
los labios que chocan
en el frío de la noche
toma atrapa atraviesa
la luz convertida en pálpito.

ELECTRICIDAD

TODAVÍA me emociono
cuando recuerdo
cómo prolongamos
aquella madrugada.
Dulces, sonámbulos,
patinando sobre la sal,
corriendo detrás de lo imposible.

INSOMNIO

CHISPAS de luz que flotan
en la oscuridad,
el agua que gotea de un grifo
mal cerrado,
mis pensamientos, como nudos,
bailando
con la voz de una radio lejana,
y tu respiración.
Amo
el silencio que envuelve cada cosa
de esta pequeña noche.

VOLVER

A ella,
después de ellas.

HUELLAS

LA piel cede
como el barro,
y trepa,
como la noche.
Nos envuelve y nos protege,
y es memoria y es luz que nos transforma.

EPÍLOGO

AMARILLO en la sombra.
Verano.
Perro agotado en la penumbra
al final del día.

PLAN DE FUTURO

BUSCAR agua,
encender el fuego,
contar estrellas.

Me habría ido al fondo, si no hubiera ido al fondo.

SØREN KIERKEGAARD

ÍNDICE

VACÍO 11

ALREDEDOR 12

NIDO 13

TRAMPA 14

ESTACIONES 15

ESFERA 16

COLUMPIO 17

BACH 18

PECADOS IMAGINARIOS 19

ASOMBRO 20

PUNTO CIEGO 21

LA OSCURIDAD 22

CONTINUIDAD 23

CREDO 24

CONTIGO 25

ROJO CADMIO 26

LEJOS DE NOSOTROS 27

PASADO 28

PASO EN FALSO 29

Y CAER HACIA DELANTE 30

INERCIA 31

SOY   32

VIGILIA   33

AHORA   34

PARTE DE GUERRA   35

Y MÁS TARDE   36

5A   37

SOLEDAD   38

SED   39

MEDIODÍA   40

NORTE   41

VÍNCULO   42

DUELO   43

INVIERNO   44

DERIVAS   45

BENGALA   46

ELECTRICIDAD   47

INSOMNIO   48

VOLVER   49

HUELLAS   50

EPÍLOGO   51

PLAN DE FUTURO   52

Quiero agradecer con todo mi corazón a
Isabel Ezkieta, Laura Martínez Lombardía,
Chake Hidalgo, Fernando Chivite,
Iñigo Ancizu, Europa Carbajosa,
Fernando Fuentes, Antonio Reina,
Teresa Morales de Alava, Juan Marqués,
Ana de la Llave Martín, Montse Martínez,
Rocío Wittib, María José Dronda y Ángela Villaverde.

SE TERMINÓ ESTA EDICIÓN DE

VÍNCULO

EL 1 DE ABRIL DE 2025